Louis de Carné

De la misère païenne et la misère chrétienne

Histoire

ISBN : 978-1986312844

10 9 8 7 6 5 4 3 2 1

Louis de Carné

De la misère païenne et la misère chrétienne

Histoire

Table de Matières

De la misère païenne et la misère chrétienne

En suivant à travers les siècles, sous l'empire des civilisations les plus diverses et des législations les plus contraires, les constantes angoisses de la douleur et de la faim, en voyant le grand fait de la misère résister à tous les efforts, survivre à toutes les révolutions, se reproduire aux jours de progrès comme aux temps de décadence, on est invinciblement amené à conclure qu'un tel fait n'est ni accidentel ni passager, et qu'il se rattache à une loi fondamentale de la nature humaine. L'homme est condamné à la souffrance aussi fatalement qu'à la mort, et ne saurait s'assurer une existence sans douleur non plus qu'une vie immortelle. L'histoire de la misère ne varie jamais que du plus au moins. Il est une sorte de *minimum* de souffrances et de privations auquel il est interdit aux sociétés d'échapper, quels que soient l'habileté de leurs gouvernements et l'éclat extérieur de leur fortune ; il est également un *maximum* de misère qu'elles ne peuvent porter longtemps sans succomber et sans se dissoudre. C'est entre ces deux termes que se débattent depuis six mille ans toutes les générations qui ont passé sur la terre. Vanité des efforts tentés pour supprimer la pauvreté, nécessité urgente de combattre l'indigence, lorsqu'elle passe à l'état chronique, sous peine de périr bientôt sous ses étreintes, — telle est la grande résultante de l'histoire des souffrances humaines.

Cette conclusion vient de se produire avec une remarquable netteté dans un ouvrage qui m'a paru digne d'un examen spécial : non que l'auteur s'attache à la formuler didactiquement, mais parce qu'elle ressort d'une manière invincible de la masse de documents réunis par une érudition patiente et sagace. M. Moreau Christophe est parvenu à faire une œuvre systématique sans en afficher la prétention, et c'est du milieu de faits accumulés sans parti pris que jaillissent des inductions toujours lumineuses, lors même qu'elles ne sont pas précisées. Il m'a semblé qu'il y aurait utilité à appeler en ce moment l'attention sur des questions que les menaces de l'avenir recommandent à tous les esprits sérieux, en résumant dans un cadre restreint les principaux résultats du travail de M. Moreau Christophe.

Rien de plus tristement monotone qu'une histoire de la misère.

L'entreprendre, c'est se résigner à compter les larmes de l'enfance sans secours, de l'âge mûr sans travail, de la vieillesse sans asile, et ces douleurs-là se ressemblent dans tous les temps et dans tous les lieux. La faim dans ses tortures, la douleur physique dans ses angoisses n'ont qu'un même cri de détresse au sein des nations avancées comme chez les peuples enfants : ce cri retentit sous la tente des pasteurs, sur le fumier de Job, dans les *ergastules* de Rome aussi bien que dans nos hôpitaux, et de tels spectacles épuiseraient vite la curiosité et l'attention, si la variété qu'on cherche en vain dans la monographie de la misère ne se produisait au plus haut degré dans l'histoire des remèdes qui lui ont été opposés durant le cours des siècles. La nomenclature des mesures par lesquelles on s'est efforcé, soit de la prévenir, soit de la réprimer, est peut-être ce qui projette la plus saisissante clarté sur l'état moral et social des peuples.

Dans cette grave matière, deux principes sont constamment en présence : d'après l'un, la pauvreté ne serait qu'une imperfection sociale dont une plus habile organisation peut triompher ; d'après l'autre, c'est un mal nécessaire qu'il faut pieusement accepter, tout en le renfermant par la diffusion de l'esprit de charité dans les plus étroites limites possibles. Pour combattre la misère, l'un emprunte ses armes à l'ordre religieux, l'autre à l'ordre politique. Celui-ci s'adresse à l'état et à la force publique dont l'état dispose ; celui-là s'adresse à la conscience privée sous la menace de châtiments terribles. La lutte entre le principe de la bienfaisance légale et le principe de la charité religieuse forme la division naturelle des matières embrassées par M. Moreau Christophe. Cette lutte d'ailleurs, latente ou avouée, est aujourd'hui au fond de tous nos débats, de toutes nos théories et de toutes nos anxiétés. Le soulagement de la misère par l'action spontanée de la charité, c'est la civilisation chrétienne avec sa liberté, sa dignité, son activité constamment progressive en ce monde, et ses immortelles espérances au-delà du tombeau ; la suppression de la misère par la souveraine intervention de l'état, pour quiconque sait dérouler les replis confus d'une idée, n'est autre chose que le socialisme proclamant tous les maux de l'humanité guérissables par les lois.

La pauvreté remonte par sa généalogie jusqu'au berceau du monde. Platon raconte que, lors du grand banquet donné dans l'Olympe pour célébrer la naissance de Vénus, on vit apparaître tout à coup une jeune femme aux traits allanguis par la faim, qui tendait la main pour implorer les restes de la table des dieux : c'était la Misère ; elle naquit le même jour que la Volupté, et n'a pas cessé de la suivre comme l'ombre suit le corps. La terre était encore humide des eaux du déluge, que Job exhalait déjà ses plaintes immortelles et traçait des maux de la pauvreté un tableau qui n'a jamais été surpassé. Les chants d'Hésiode et d'Homère, et, parmi beaucoup d'épisodes de l'Odyssée, celui d'Ulysse longtemps caché dans sa patrie sous des haillons de mendiant, constatent que la mendicité était aux temps héroïques de la Grèce un état professé par une portion nombreuse de la population, qui vivait aux dépens des riches en implorant leur commisération, et souvent en les menaçant de ses vengeances. Les efforts tentés par Lycurgue pour exclure les mendiants de Sparte, les théories rêvées par Platon pour écarter ce fléau de sa république idéale suffiraient pour constater que la misère ne sévissait pas moins dans les républiques grecques que dans les autres parties du monde antique, si d'ailleurs les comédies d'Aristophane, les dialogues de Lucien et tous les monuments classiques ne nous traçaient à chaque page de pittoresques peintures du costume, des mœurs et du langage des mendiants gueusant du matin au soir sur l'Agora, aux abords des temples et des théâtres.

À Rome, où le mal prit, comme le bien, des proportions gigantesques, la misère se développa dans une mesure qui n'a guère été dépassée dans nos plus malheureuses sociétés modernes. Quelques écrivains ont cherché l'origine du paupérisme dans l'émancipation des esclaves préparée par le christianisme, et ont prétendu que durant les périodes d'esclavage pur il n'avait pu y avoir de mendiants, parce que chacun, étant ou maître ou esclave, possédait une certaine fortune, s'il était dans la première condition, ou se trouvait logé et nourri, s'il appartenait à la seconde. Une telle opinion ne supporte pas l'examen, car l'histoire constate que la misère avec toutes ses douleurs, toutes ses agitations et tous ses périls, préexistait de plusieurs siècles à cette émancipation qu'on voudrait présenter comme sa source unique. Rome allait encore chercher ses consuls et ses dictateurs à la charrue, que la pauvreté avait déjà poussé le peuple sur le mont Sacré et sur le Janicule ; le besoin était le principe de toutes les discordes, fournissait des armes à toutes les séditions et des votes achetés à toutes les candidatures. M. Moreau Christophe a tracé un tableau complet de la misère « qui rongeait cette société sans commerce et sans industrie, dont la guerre et le pillage étaient les seuls éléments de production, et dont les classes moyennes regardaient le travail comme une œuvre servile et l'oisiveté comme l'attribut du citoyen. »

À côté des patriciens qui faisaient les lois et fournissaient des pontifes à la religion, des pères conscrits au sénat, des chevaliers à l'ordre équestre, côte à côte avec ces races primitives auxquelles avait été commis le mystérieux dépôt des destinées de Rome, vivaient de nombreux citoyens qui ne participaient ni aux mêmes droits, ni aux mêmes rites, et auxquels leur qualité d'hommes libres ne donnait que le triste privilège d'aller mourir aux extrémités du monde pour une patrie où ils ne possédaient pas l'espace d'un tombeau. Les deux *jugera* de terre primitivement attribués à chaque membre de la cité quiritaire étaient allés se perdre et se confondre dans ces *latifundia*, fléaux de l'Italie, où quelques généraux gorgés de butin avaient élevé ces somptueuses *villas* qui couvraient des espaces immenses en les frappant d'une stérilité qui dure encore. Machine dressée pour la guerre et pour la conquête, Rome n'était pas plus impitoyable pour ses ennemis que pour ses propres enfants, dont elle épuisait le sang avec la fortune. Il fallait que le plébéien passât la plus grande partie de sa vie au loin et sous les armes, qu'il s'équipât et s'entretint à ses frais ; il fallait qu'au moment de quitter son petit champ pour marcher à la conquête des Gaules ou de l'Asie, il allât frapper à la porte du riche pour le lui hypothéquer, en empruntant de quoi faire vivre, durant sa longue absence, des enfants que son départ allait précipiter vers leur ruine, et que sa mort ferait bientôt orphelins. Minées par le service militaire, pressurées par l'usure, ne participant que dans une très faible mesure aux dépouilles qui faisaient la fortune des généraux, les tribus plébéiennes de Rome descendirent dans la misère bien au-dessous du niveau des esclaves, et les conquérants du monde, clients affamés de quelques riches, n'eurent plus qu'une oisiveté tumultueuse et des votes stipendiés à leur offrir en échange d'un pain plus incertain que celui de la servitude. Il ne resta donc plus au peuple-roi qu'à tendre les mains aux distributeurs de l'*annone*, ou bien à cultiver, à titre de colons et concurremment avec les esclaves ruraux, l'antique domaine de ses pères ; heureux le pauvre plébéien lorsque les accidents de la guerre civile ne lui arrachaient pas cette dernière ressource, en donnant à de nouveaux colons militaires les sillons si longtemps arrosés de ses sueurs !

Au-dessous de la population libre écrasée par les contrats et les prêts usuraires, l'esclavage étendait la lèpre de ses vices et le spectacle de ses tortures. Dans les sociétés antiques, la grande majorité des êtres vivants était comme retranchée de la condition humaine. Étrangère à tous les rites de la religion, à tous les droits de la cité, de la propriété et de la famille, chargée du double poids de tous les travaux et de tous les opprobres, ne pouvant d'ordinaire s'élever jusqu'à la liberté qu'au prix des services les plus infâmes, cette masse d'hommes sans Dieu, sans âme et sans patrie, avait ouvert au sein de la société romaine un gouffre de corruption, de dépopulation et de misère dans lequel celle-ci ne pouvait manquer de s'engloutir. Le désespoir des esclaves avait multiplié les complots et les révoltes dans l'état, les assassinats et les empoisonnements dans la famille. Des bandes de fugitifs peuplaient les forêts de l'Italie et interceptaient toutes les routes par lesquelles affluaient à Rome les richesses de l'univers dépouillé. La nation entière devait disparaître par l'effet de ce régime odieux. « On ne trouvait plus de Romains qu'à Rome, d'Italiens que dans les grandes villes, dit un historien économiste. Quelques esclaves gardaient encore quelques troupeaux dans les campagnes ; mais les fleuves avaient rompu leurs digues, les forêts s'étaient étendues dans les prairies, et les loups et les sangliers avaient repris possession de l'antique domaine de la civilisation.[1] »

Tel était l'état de Rome au moment où les successeurs de Néron prodiguaient pour la reconstruire le porphyre et le marbre, et lorsque le christianisme, bien loin d'exercer une influence quelconque sur la législation économique de l'empire, n'était encore connu que par les martyrs qu'il envoyait mourir sous la dent des lions pour les plaisirs de ce peuple de mendiants sans entrailles. Aux derniers temps de la république et sous les premiers empereurs, cette situation offrait de tels périls, qu'un vaste système avait été organisé tant pour amortir les souffrances de la plèbe par les terribles émotions du cirque que pour alléger sa misère au moyen d'une intervention de l'état s'exerçant sur une échelle gigantesque.

---

1 De Sismondi, *Nouveaux principes d'Education politique*, t. I, p. 113.

Le sang du Calvaire devait seul consacrer aux yeux de l'homme la vie de son semblable. Avant le christianisme, le droit naturel de tuer le vaincu avait engendré l'esclavage, comme le droit universellement admis de disposer de l'être auquel on avait communiqué la vie avait fondé dans les lois et dans les mœurs la tyrannie domestique. L'enfant gisant aux pieds du père de famille ne recevait le droit de vivre qu'au moment où celui-ci avait consenti à le relever, *tollere*. Tous les témoignages historiques attestent d'ailleurs que, dans les sociétés païennes, l'infanticide ne fut pas seulement un droit, mais qu'il fut un fait normal, considéré comme régulier et souvent pratiqué pour obvier aux maux de la misère et aux sollicitudes de l'avenir. Auguste accorda le premier des secours temporaires aux parents trop pauvres pour nourrir leurs enfants. Nerva érigea cet usage en institution, et voulut que dans toute l'Italie on nourrît dans des dépôts publics les orphelins des deux sexes. Trajan fit ajouter aux tables frumentaires de Rome le nom de tous les enfants appartenant aux familles indigentes, et dans les provinces le trésor des municipes dut pourvoir aux mêmes dépenses.

Ce n'étaient pas cependant les enfants pauvres qui mettaient en danger la société romaine : ceux dont il fallait calmer les plaintes et apaiser la faim, c'étaient ces membres nombreux des tribus urbaines qui n'avaient ni un sillon à cultiver, ni une industrie à exercer, et que la constitution de l'état vouait forcément à l'oisiveté et aux factions. Pour apaiser les trop justes plaintes de ces masses qui cimentaient de leur sang l'édifice de quelques fortunes colossales, plusieurs tentatives avaient été faites, parfois par le sénat, le plus souvent par les tribuns du peuple. On sait que le partage du domaine public et la révision des mesures en vertu desquelles il avait été aliéné furent, pendant plus d'un demi-siècle, l'occasion de querelles sanglantes. Les lois agraires avaient rencontré, au sein de l'aristocratie devenue propriétaire, une résistance opiniâtre, motivée par ses intérêts, et n'avaient jamais été défendues par le peuple qu'avec une certaine mollesse. C'est qu'un système d'allégement de la détresse publique par une vaste colonisation agricole, une tentative qui aurait eu pour effet de transporter aux extrémités de l'Italie, en les transformant en laboureurs, des hommes accoutumés à la vie indolente des clients et aux agitations soldées du Forum, n'avaient rien qui tentât beaucoup ces masses perverties par des institutions qui flétrissaient le travail de la terre. Les prolétaires attachaient bien plus de prix aux distributions en nature qu'aux distributions de terres arables ; les unes les faisaient vivre sans travailler, les autres devaient les faire travailler pour vivre. Tel fut le secret de l'abandon dans lequel ils laissèrent presque toujours leurs tribuns lors des débats relatifs aux lois agraires.

Profitant habilement de sa popularité et de son immense puissance militaire, César seul parvint à réaliser, sur une assez grande échelle, ce partage des terres conquises, qui était beaucoup moins l'expression d'un vœu populaire qu'une occasion de soulever les passions et de verser le sang patricien. Il fut résolu que pour relever l'agriculture, repeupler les solitudes de l'Italie et arracher à la mendicité la plus grande partie de la population romaine, les terres du domaine seraient distribuées aux pauvres ; les meilleures de toutes, celles de la Campanie, ne devaient être données qu'à ceux qui auraient au moins trois enfants. Il fut de plus stipulé que, si les terres disponibles ne suffisaient pas, il serait acheté pour le même usage, aux frais de l'état, des propriétés particulières aux prix marqués sur les registres du cens.

En vertu de la mesure dictée par César, quatre-vingt mille oisifs furent envoyés de Rome dans les provinces et embrigadés en colonies agricoles à peu près avec le même succès que les ouvriers de Paris sortis des ateliers nationaux pour aller défricher notre Afrique française. Les triumvirs issus du sang de César, et qui reçurent de la colère publique la mission de le venger en développant sa démocratique pensée, après avoir proscrit par milliers les sénateurs et les chevaliers, imaginèrent d'exproprier en masse leurs ennemis, comme l'Angleterre a exproprié l'Irlande. Ils réduisirent en colonies les villes qui, sous une inspiration aristocratique, avaient embrassé le parti des meurtriers de César, et en partagèrent le territoire magnifique à des colons nouveaux, après avoir chassé ces populations désolées dont le cygne de Mantoue a immortalisé les plaintes et le désespoir. Toutefois les mesures conçues par César, bien qu'étendues par les triumvirs et par Auguste après son avènement à l'empire, ne rendirent Rome ni moins misérable ni moins agitée. L'influence combinée des institutions et des mœurs ne combla que trop promptement le vide que l'émigration avait laissé pour un jour dans cet océan de misère et de paresse.

Le seul soulagement qui touchât ces bandes d'oisifs et de mendiants, le seul qu'ils demandassent à leurs maîtres pour prix de leurs services était les distributions en nature, qui, s'obtenant sans travail, leur permettaient de gueuser du matin au soir. Les candidats avant l'élection, les magistrats après l'obtention des dignités, introduisirent l'usage des *congiaria* (largesses) avec celui des jeux et des spectacles. Lorsque les Césars eurent concentré entre leurs mains tous les pouvoirs émanés de la souveraineté populaire, leur principale mission fut de nourrir le peuple-roi, qui avait abdiqué entre leurs mains tous ses droits pour celui de vivre sans travailler. Les lois *annonaires* devinrent donc la base du système impérial, le fondement de l'économie politique selon laquelle vécut la société rom aine jusqu'à l'heure des vengeances divines.

L'annone avait été dans l'origine une magistrature spéciale instituée par le sénat pour veiller au constant approvisionnement des céréales, de manière à ce qu'un peuple qui manquait du goût comme de la possibilité du travail pût en tout temps se procurer du pain à un prix très modéré ; mais, la misère allant toujours croissant, les périls publics contraignirent bientôt l'état à dépasser cette mesure, et l'on dut organiser des distributions périodiques de blé d'abord à prix réduit, et bientôt après à titre purement gratuit. De là ces lois *annonaires* ou *frumentaires* dont M. Moreau Christophe a tracé un tableau des plus complets. Il établit d'après ses propres recherches, combinées avec celles de M. Dureau de La Malle, qu'aux temps de la dictature de César, l'an 707 de Rome, le nombre des prolétaires prenant part aux libéralités de l'annone ne s'élevait pas à moins de trois cent vingt mille sur quatre cent cinquante mille citoyens, c'est-à-dire à peu près aux trois quarts de la population domiciliée dans la ville. Cette effrayante proportion se maintint durant plusieurs règnes. Partagés entre les terreurs et les voluptés, les empereurs n'eurent d'autre politique que de distribuer à la ville affamée les richesses de l'univers mis au pillage. Épuiser le monde pour nourrir Rome afin d'y prévenir les séditions, telle fut la préoccupation presque exclusive de leur gouvernement. Tel empereur ajouta aux distributions mensuelles l'huile de l'Asie et de l'Afrique, tel autre imagina d'enivrer la plèbe des vins de la Grèce et des Gaules. Les divins Césars allèrent jusqu'à s'ériger en boulangers et à faire distribuer quotidiennement des petits pains de fine fleur de farine avec une certaine quantité de viande, genre de distribution qui finit par devenir habituel, et pour lequel, dans les provinces tributaires, l'agriculture dut épuiser ses dernières ressources. Des *congiaria* en nature grossissaient souvent ce budget normal de la misère et de la rapacité quiritaires. Un empereur avait-il remporté ou simulé une victoire, avait-il épousé une prostituée, ou le sénat le plaçait-il après sa mort au rang des dieux auxquels les nations se disputaient l'honneur d'élever des autels : des distributions extraordinaires d'objets mobiliers étaient faites au peuple. Déjà il ne suffisait plus de jeter un morceau de pain au Cerbère pour l'empêcher de mordre. Les plébéiens, dont le sang avait coulé durant sept siècles pour élever l'édifice de quelques gigantesques fortunes, entendaient participer en quelque chose aux voluptés dont le spectacle s'étalait à leurs yeux sans pudeur et sans prudence. Quand un général romain avait porté la dévastation sur un point nouveau du globe, on distribuait donc au peuple les riches étoffes, les meubles précieux enlevés aux palais de l'Asie, et les pauvres *sellularii* de la porte Trigémine ou du Vélabre paraient leurs haillons de lambeaux arrachés au front des rois traînés en triomphe et mis à mort. Ces libéralités se faisaient quelquefois individuellement, selon le mode ordinaire ; le plus souvent elles s'opéraient au moyen de *tesseres*, sorte de billets de loterie jetés au hasard comme une pluie d'or sur la foule entassée dans les amphithéâtres. En revenant du spectacle que lui avait donné la lutte de gladiateurs le saluant pour la dernière fois ou l'agonie de quelques chrétiens expirant sous la dent des bêtes féroces, le peuple-roi allait prendre sa part des dépouilles du monde.

Ce n'était point assez pourtant : à ces distributions organisées par l'état, et auxquelles concouraient les richesses de l'univers, force avait été d'ajouter des ressources quotidiennes qui assurassent sans aucun travail et même sans aucune sorte de préparation culinaire l'alimentation de ces masses qui tenaient tout travail pour infâme, et dont l'agitation était si redoutable. À l'*annone* distribuée par l'autorité publique venait donc se joindre la *sportule* due par chaque patron à sa légion de clients pour prix de leurs votes aux comices, de leurs applaudissements au forum, de leur assiduité à saluer le riche à son lever, et à le suivre comme un servile troupeau au sénat, au bain, au spectacle. Les citoyens pauvres recevaient ainsi chaque jour des rations alimentaires toutes préparées. On peut lire dans Martial la description de ces distributions sportulaires à l'aide desquelles vivait le famélique poète, heureux quand le patron caressé dans ses vers daignait ajouter à la provende quotidienne une tunique pour l'été, un manteau de laine pour l'hiver ; mais c'est surtout dans Juvénal qu'il faut suivre les mouvements de cette foule avide et avilie : c'est là qu'il faut la voir se prosternant jusqu'à terre lorsque les rideaux de pourpre de l'*atrium* s'entr'ouvrent devant le dieu dont elle attend le réveil, puis tendant avec des cris d'oiseaux de proie le vase dont on vient offrir le gouffre à combler au distributeur. Dans les tableaux trop souvent fantastiques qu'une certaine école nous a tracés des aumônes en nature faites aux portes des couvents de l'Espagne et de l'Italie, il n'y a rien de comparable à ces nauséabondes peintures de la vie quotidienne et usuelle dans la Rome impériale. Combien le contraste est-il plus frappant encore, si l'on songe que dans l'Europe catholique l'aumône se pratique toujours d'égal à égal avec un respect profond pour les membres souffrants de Jésus-Christ, pour obéir à la loi de Dieu et sans nulle réciprocité possible de service, tandis que l'aumône païenne descendait du patron au client pour prix de sa servitude politique et de sa dépendance personnelle, sans que la pensée de Dieu ou d'une autre vie intervînt jamais pour combler l'abîme qui sépare en ce monde l'abondance de la misère !

En vain ses maîtres tentèrent-ils de galvaniser l'empire mourant par l'électricité de leurs largesses : le seul résultat de celles-ci fut d'achever la perversion morale de ce peuple, qui eut des malédictions pour les meilleurs princes et des pleurs pour tous les monstres. Un tel système ne pouvait se développer sans finir par soulever les provinces, quelle que fût l'antique terreur du nom romain, et sans ouvrir la porte aux barbares qui planaient depuis longtemps sur le cadavre de l'empire comme des corbeaux attirés par les approches de la mort. C'était d'ailleurs au moment où de pressantes nécessités contraignaient d'étendre le titre de citoyen romain à tous les peuples de l'empirer qu'on distribuait aux habitants privilégiés de la ville éternelle un pain prélevé sur les sueurs du monde ; c'était au moment où l'on attribuait les droits politiques aux alliés et aux tributaires, afin de les maintenir dans l'obéissance par l'ombre d'une participation à la grandeur romaine, qu'on leur imposait l'obligation de nourrir la métropole et que les exigences du fisc frappaient d'une irréparable stérilité les plus fertiles contrées de l'Afrique et de l'Asie.

Lorsque Rome fut condamnée à la paix par l'achèvement de sa conquête, et qu'elle ne put rien retirer de provinces épuisées et menaçantes, les empereurs antérieurs à Constantin firent, il est vrai, de sérieux efforts pour relever le travail du mépris où l'avait laissé tomber la république, et, en vertu de leur omnipotence, ils s'efforcèrent de le réglementer en l'imposant au même titre que le service militaire. Ils voulurent affranchir et organiser les travailleurs en rendant le travail obligatoire et en s'en faisant les suprêmes dispensateurs ; mais cette tentative d'organisation du travail, première application essayée par quelques Césars d'une doctrine restée fidèle jusqu'à nos jours à cette pensée de despotisme, cette constitution impériale du travail par le système des jurandes demeura à peu près stérile, du moins dans ses résultats pratiques. L'industrie romaine se trouvant restreinte aux besoins usuels de la famille et de la cité, l'absence de toute transaction commerciale avec les autres peuples dut frapper de stérilité ses forces productrices.

La conquête avait donné à Rome tout l'or du monde antique, comme les mines de ses colonies ont donné à l'Espagne tout l'or du Nouveau Monde ; mais la misère, l'impuissance et l'anéantissement politique sortirent pour l'une comme pour l'autre de l'accumulation de richesses improductives. De là ces convulsions qui précédèrent la chute de l'empire et cette complicité des citoyens avec les barbares, desquels ils n'avaient rien à attendre de plus affreux que la famine, et de plus effroyable que la mort ; de là ces projets d'émigration en masse et ces tentatives des empereurs pour transporter le siège de l'empire tantôt dans l'Asie, tantôt en Afrique, tentatives que Constantin parvint enfin à réaliser, non point en sauvant l'empire romain, mais en lui abattant la tête.

Jamais, on le voit, le droit à l'assistance, présenté de nos jours comme une nouveauté, jamais la taxe des pauvres, devenue le régime économique normal de l'Europe non catholique, ne reçurent une plus colossale application que dans cette société, qui ne vivait au pied de la lettre que de la *sportule* et de l'*annone*. Ce régime n'était pas particulier à la société romaine : il avait été celui du monde païen tout entier. Dans les républiques helléniques, le travail n'était pas réputé moins flétrissant qu'à Rome, et l'esclavage n'était pas fondé sur une croyance moins ferme et moins universelle. La séparation absolue des hommes à raison de leur origine, leur division par castes se présentaient même en Grèce dans des conditions plus impitoyables encore. En dehors de l'esclavage domestique proprement dit, des races souveraines et des races assujetties habitaient ensemble sans pouvoir jamais s'unir. Aux unes incombait la mission réputée abjecte d'arroser le sol de leurs sueurs ; aux autres, celle de remplir les armées et de siéger dans les magistratures. Le citoyen de Sparte, d'Athènes, de Corinthe, nourri par l'état sur le produit des domaines publics, considérait le trésor de la république comme son bien propre : à part quelques riches que les institutions démocratiques contraignaient d'ailleurs à des libéralités où s'épuisait bientôt leur fortune, la classe des hommes libres n'échappait aux étreintes de la pauvreté qu'en y puisant chaque jour pour ses besoins particuliers. Chaque citoyen avait droit à un salaire payé par la république. Les orateurs étaient payés pour parler, leurs auditeurs étaient payés pour venir les entendre. Il n'était pas un acte de la vie publique qui ne fût tarifé ; chaque membre du sénat recevait sa drachme quotidienne pour droit de présence, et chacun des six mille juges ses trois oboles. À Athènes, on vivait de ses droits politiques comme à Rome, et ce régime est au fond le dernier résultat du système démocratique tel que le comprend encore aujourd'hui l'école païenne qui survit parmi nous au paganisme anéanti. Le salaire ainsi généralisé était donc une véritable taxe des pauvres : le peuple d'Athènes, comme celui de Rome, ne fut pas seulement nourri, il fut encore amusé aux frais de l'état, et tous les écrivains attestent que ce régime détermina en même temps et la ruine de la république, qui y perdit ses domaines, et l'indigence universelle, issue de la paresse et de la soif inextinguible des plaisirs.

Les principes d'économie politique qui prévalurent dans les sociétés antiques sont l'expression et le résumé de leur civilisation tout entière. L'hérédité et l'esclavage, le droit à l'oisiveté entraînant à sa suite le droit à l'assistance, l'intervention de l'état venant élargir le gouffre de la misère publique en tentant de le combler, — ce sont là autant de conséquences légales des croyances professées dans les temps antérieurs à l'ère chrétienne. Dans les sociétés païennes, les hommes naissaient en une sorte d'hostilité naturelle, et le système de Hobbes, qui nous répugne aujourd'hui comme une monstruosité, n'est au fond qu'un anachronisme. Naître Spartiate ou ilote, patricien ou plébéien, esclave ou maître, riche ou pauvre, c'étaient là d'aveugles fatalités du sort, d'insondables mystères destinés à rester sans solution au-delà de la tombe comme ici-bas. Le malheur ne donnait aucun droit à l'infortuné et n'imposait à l'heureux du monde aucun devoir. Si l'état se trouvait amené à soulager des souffrances intolérables, c'était uniquement parce que l'excès même de ces souffrances les rendait menaçantes pour sa sûreté. Dans ses actes, la providence sociale était exclusivement déterminée par des motifs de sécurité politique, car la charité n'avait pas plus de place dans les législations que dans les langues païennes.

Tel était l'état du monde, lorsque le christianisme en renouvela la face. La religion nouvelle n'attaqua aucune des institutions existantes, et ses disciples ne se dérobèrent pas plus aux chaînes de l'esclavage qu'à la hache des empereurs ; mais, en assignant à la vie un but tout différent de celui qu'on lui avait attribué jusqu'alors, elle donna un autre cours à la pensée humaine, et ce mouvement général des idées suffit pour paralyser des institutions atteintes à leur source même. Un esprit nouveau descendit dans l'humanité, et les miraculeuses transformations opérées dans la conscience se reflétèrent bientôt dans les lois. Aux peuples que le droit antique avait faits ennemis naturels, aux diverses castes sociales séparées par d'infranchissables barrières, fut révélée l'égalité primordiale des êtres issus d'un même sang, rachetés au prix d'un même sacrifice ; en connaissant leur père commun, les fils dispersés d'Adam comprirent pour la première fois qu'ils étaient frères. La religion chrétienne établit entre les hommes des liens dont ils n'avaient pas même soupçonné l'existence. En leur donnant le ciel pour seule patrie et en transformant la terre en lieu d'exil, elle put prescrire aux pauvres la résignation, imposer aux riches le sacrifice, et parler à l'humanité une langue qu'elle n'avait jamais entendue. La foi nouvelle fit plus que supprimer la pauvreté : elle la présenta comme une épreuve bénie départie par Dieu à ses fils d'élection ; elle fit mieux que d'attaquer la richesse, car elle la présenta comme le plus grand des périls ; elle fit trembler les riches pour leur salut en leur découvrant l'étendue des obligations qui leur étaient imposées vis-à-vis des pauvres sous une sanction terrible. Sans attaquer l'inégalité des conditions et des fortunes, elle éleva l'indigent jusqu'au riche en faisant descendre le riche jusqu'à lui, et la pauvreté devint bientôt tellement souhaitée et la richesse tellement redoutable, qu'on vit des légions de riches, de grands et de puissants du siècle quitter les palais pour vivre au désert, et se faire les humbles serviteurs de l'indigent, en se revêtant volontairement de la pauvreté comme d'un manteau glorieux. Les mendiants et les esclaves, le rebut des nations, sur la tête desquels le monde païen avait marché si longtemps, furent transfigurés aux yeux du monde comme le Christ sur le Thabor, en devenant les objets des plus chères complaisances d'un Dieu pauvre comme eux, les héritiers les plus assurés de ses immortelles promesses.

L'inégalité des fortunes et conditions, née de l'inégale répartition que la nature a faite entre les hommes de ses aptitudes et de ses forces, ne pouvait manquer d'être sanctionnée par le christianisme comme une loi sociale, comme une nécessité providentielle. « Le christianisme reconnut les hommes inégaux entre eux, dit M. Moreau Christophe, quant à la somme des fardeaux divers qu'ils ont tous diversement à porter, selon la diversité de leurs forces individuelles ; mais en même temps il les proclama égaux devant Dieu quant à la somme de récompense commune à laquelle chacun a également droit, selon l'égalité relative des efforts de chacun dans le travail de tous. » Ainsi l'inégalité des conditions sociales dans le monde se convertit, sous l'empire du christianisme, en une similarité de fonctions diverses dans l'œuvre de Dieu. « Il y a, dit saint Paul, des grâces diverses, mais un seul esprit ; il y a des facultés diverses, mais un seul Seigneur ; il y a des destinations diverses, mais c'est le même Dieu qui consomme la même œuvre dans tous. À chacun est donné un don divers de l'esprit pour l'utilité de tous.[1] »

La richesse et la pauvreté sont ainsi deux fonctions sociales parfaitement égales entre elles aux yeux de Dieu : ce sont de plus deux épreuves morales que Dieu impose avec leurs périls divers et leurs grâces particulières. L'harmonie sociale comme l'harmonie religieuse, le bonheur humain comme le salut éternel, résultent du parfait accomplissement de ces obligations réciproques. « Dieu veut, dit saint Augustin, que nous portions le fardeau les uns des

---

1 Saint Paul aux Corint., XII, 3-7.

autres : celui du pauvre, c'est sa misère ; celui du riche, c'est sa richesse. Heureux du siècle, hâtez-vous d'alléger le fardeau des malheureux, et vous travaillerez à vous soulager vous-mêmes ; diminuez les besoins de vos frères, et ils diminueront le poids redoutable de vos comptes.[1] »

La solidarité du riche et du pauvre devenait la base du nouvel ordre social, comme l'identification du pauvre lui-même avec Jésus-Christ était devenue la base du nouvel ordre religieux. Malheur donc au riche, s'il ne soulage pas le pauvre ! malheur au pauvre, s'il porte atteinte à la propriété du riche ! Le fardeau des pauvres, c'est de n'avoir pas ce qu'il faut, et le fardeau des riches, c'est d'avoir plus qu'il ne faut. « Dieu a mis, dit le chancelier d'Aguesseau, le nécessaire du pauvre entre les mains du riche ; mais il n'y est que pour en sortir : il n'y peut rester sans une sorte d'injustice qui blesse la loi de la Providence… Un Dieu souverainement juste n'a introduit une telle différence entre des êtres parfaitement égaux que pour les lier plus étroitement par cette inégalité même. »

Ainsi, dans la doctrine chrétienne, tout prend une face nouvelle les dons de la nature, les avantages de la fortune continuent à demeurer très inégalement répartis ; mais il n'y a plus de riche et de pauvre, de maître et d'esclave dans le sens antique du mot, car sa condition impose à l'un des obligations tellement étroites envers l'autre, que, s'il transforme sa fortune en instrument de jouissances personnelles, il perd son âme pour l'éternité, et que, si l'autre porte avec résignation le poids d'une épreuve passagère, il amasse des trésors auprès desquels ceux de la terre ne sont que misère et néant. L'ordre extérieur de la société politique demeure le même ; mais toutes les idées sont confondues, la langue est bouleversée : la richesse devient pauvreté, et la pauvreté devient richesse devant la parole qui a dit : « Malheur aux riches ! heureux les pauvres ! » et le retentissement de cette parole est tel aux premiers jours du christianisme, que la condition de celui qui manque de tout apparaît comme de beaucoup la plus souhaitable, et qu'une des premières erreurs que l'église naissante eut à combattre fut la doctrine qui, tenant le salut du riche pour impossible, prescrivait aux chrétiens la renonciation à toute propriété individuelle. Les terribles *vœ* adressés aux heureux du monde retentissaient avec une telle force dans

---

1 Saint Augustin, *Sermons*, XXXIX, 6.

les consciences et y soulevaient de telles terreurs, qu'on repoussait avec effroi ces avantages temporels, dont la possession rendait le salut si incertain et si difficile. Plusieurs entre les premiers pères de l'église, et parmi eux saint Jérôme et saint Basile, étendant le sens de la parabole du chameau et faisant une prescription générale du *vende quod habes* comme du *da cuncta pauperibus*, soutinrent qu'il était impossible d'accomplir dans leur plénitude les préceptes de la loi de grâce, si l'on ne se dépouillait de tout, et si l'on ne revêtait volontairement la pauvreté comme le Christ avait revêtu sa croix.

Une telle application des maximes de l'Évangile était pleine d'exagération, car l'économie religieuse du christianisme serait manifestement dérangée par une égalité de situation qui dispenserait les uns de la patience comme les autres de la charité, et qui, pour rapprocher les corps, romprait le lien mystique qui unit les âmes. Le livre divin contient d'ailleurs à chaque page et la sanction formelle du droit de propriété, et l'invitation à l'accroître par une conduite prudente, une administration bien réglée, surtout par un labeur assidu. La réhabilitation et la prescription du travail sont des lois fondamentales du christianisme ; il l'a réhabilité en l'élevant presque à la dignité de la prière et en attribuant une force réparatrice aux sueurs de l'homme comme à ses larmes ; il l'a prescrit en inscrivant la paresse au rang des péchés capitaux. Or la première conséquence du travail honoré dans son principe et garanti dans ses fruits est la constitution d'une société fondée sur l'inégalité des fortunes et sur l'essor le plus divers des facultés individuelles. La vie communitaire et conventuelle, envisagée par quelques pères comme le type obligé de la vie chrétienne, était donc et devait rester une exception. Si Dieu a permis que certains êtres élus par lui participassent sur la terre à la vie des anges plus qu'à celle des hommes, et exerçassent ici-bas un ministère spécial d'abnégation et d'amour, cette couvre n'est point l'œuvre normale de l'humanité ; le christianisme loue la vie d'élection sans la conseiller à personne, et, teinte encore du sang de ses martyrs, l'église, cachée dans les catacombes, maintenait, malgré de généreux entraînements, le double caractère qu'elle entendait imprimer à la société de l'avenir la liberté sous l'autorité et la variété dans l'unité.

La vie des chrétiens, même au temps des persécutions, était déjà en parfait accord avec ces principes. S'il existait entre eux une sorte de communauté de fait, elle était toute spontanée et n'impliquait aucune abdication de la volonté individuelle, de l'esprit de famille et de la vie domestique. S'il y avait parmi eux peu de pauvres, c'est que les riches donnaient dans la mesure véritable de leur fortune ; mais, si la charité de ceux-ci était abondante, elle n'était point obligée, et l'église se bornait à leur rappeler les préceptes du divin maître sans fixer en aucune sorte le chiffre de leurs libéralités. Elle n'intervenait que pour dispenser avec une paternelle sollicitude l'argent, les dons en nature et les offrandes de toute sorte apportés au pied de l'autel par les fidèles. L'église centralisait tous ces dons entre ses mains, concentrant en elle toutes les œuvres de la charité comme toutes les aspirations de la foi, et elle distribuait elle-même aux pauvres les aumônes des riches selon un système et par des procédés qui resteront le modèle éternel de la charité pratique.

Les diacres étaient les dispensateurs attitrés de toutes les aumônes, les administrateurs du temporel des pauvres, qui se confondait avec celui de l'église elle-même. Les diacres, dont les uns étaient clercs, les autres laïques, exerçaient ce ministère sous la surveillance de l'évêque, administrateur suprême du trésor des pauvres. Ces diacres étaient assistés par des sous-diacres et par des diaconesses. On sait que celles-ci étaient des veuves qui se dévouaient entièrement aux pauvres, et qui commencèrent à la naissance de l'église cette exploration du vaste royaume de la douleur confiée à la femme chrétienne par une délégation divine. La charge spéciale des diaconesses était de visiter toutes les personnes de leur sexe qui se trouvaient dans le cas de réclamer les secours ou les soins de l'église ; elles rendaient compte de leur mission à l'évêque, et, par son ordre, aux prêtres et aux diacres. Chaque diaconie était comme l'entrepôt et le réservoir du bien des pauvres. Le trésor était formé du produit des aumônes ordinaires, des contributions et collectes des dîmes, des offrandes faites durant le sacrifice, enfin des richesses territoriales des églises. Indépendamment des aumônes ordinaires, chaque chrétien fournissait, aux intervalles qu'il fixait lui-même et dans la mesure de ses facultés, une contribution reçue à l'église pendant le service divin au moment de la *collecte*. Cette contribution, toute volontaire, pouvait consister en meubles, en provisions, en habits ou en argent. Chaque chrétien apportait au temple ce qu'il se proposait d'offrir pour les pauvres. Ces oblations recueillies par les diacres étaient déposées dans un local annexé à l'église, sauf les fruits nouveaux qu'on bénissait sur l'autel et les pains parfois apportés en si grand nombre que l'autel en était comblé.

Bien que l'aumône fût toute volontaire de sa nature, l'église n'en recommandait pas moins de consacrer les prémices et les dîmes des fruits de la terre et du bétail à la subsistance des clercs et des indigents. Toutes ces collectes, toutes ces oblations jointes aux legs, aux dons, aux présents dont les empereurs chrétiens et les riches particuliers dotèrent les églises avec une abondance qu'expliquent l'ardeur de leur foi et les colossales fortunes du monde romain, accrurent après la persécution le trésor des églises de biens meubles et de revenus qui, comme l'établit M. Moreau Christophe, passeraient aujourd'hui pour fabuleux, si la réalité n'en était attestée par les témoignages les plus authentiques. Quand la paix et la liberté furent rendues aux chrétiens, les largesses faites aux églises n'eurent plus de bornes : des palais dans Rome, des terres immenses, d'opulentes *villas* situées en Italie et dans les diverses provinces de l'empire devinrent le patrimoine sacré de ces déshérités du monde, dont les pères attendaient leur ignoble sportule à la porte de superbes patrons.

Une autre source d'ailleurs vint augmenter le produit des richesses que les Paule, les Mélanie, les Olympiade et tant d'autres illustres Romaines versaient à pleines mains dans le sein des pauvres dont elles s'étaient faites les servantes : les empereurs disposèrent en faveur du culte chrétien des immenses propriétés des sacerdoces païens, et les richesses qui avaient alimenté durant tant de siècles les autels de Jupiter et de Vénus furent employées à nourrir les pauvres, à fournir à leur sépulture, à racheter les captifs, à élever les orphelins, à soulager les serviteurs cassés de vieillesse, ou à guérir les blessures des chrétiens sortant des mines. Le devoir de sustenter les indigents était tellement strict et si étroitement associé au culte lui-même, qu'il se confondait avec lui dans la célébration du plus haut mystère de la foi. La messe était une communion du chrétien avec ses frères comme avec Dieu, un repas fraternel en même temps qu'un repas mystique. Les noms que conservent les points principaux de l'auguste sacrifice constatent que les obligations de la charité s'accomplissaient en même temps que l'union de la créature avec son auteur. L'église elle-même, entourée de vastes bâtiments pour le service de la diaconie, était un magasin et un hospice en même temps qu'une maison de prières. Les offrandes en nature y étaient reçues et conservées en dépôt ; mais le mode habituel, spécialement jusqu'à la fin du VIe siècle, était la distribution des aumônes à domicile par les diacres, les sous-diacres et leurs délégués, sous la suprême direction de l'évêque. Le secours à domicile, consacré par l'église naissante, est demeuré le mode d'exercice le plus naturel et le plus vrai de la charité chrétienne. Les pauvres trouvaient dans ce mode une garantie de la sainte discrétion qui doit toujours accompagner l'aumône. Le secours à domicile a d'ailleurs cet autre avantage, de venir en aide à la famille sans jamais la remplacer, sans jamais en faire perdre l'esprit ; il met le riche en contact direct avec le pauvre : le premier se trouve personnellement associé à toutes les souffrances qu'il soulage, et la reconnaissance du malheureux devient pour lui une source de jouissances intimes que la charité collective ou à distance est impuissante à ouvrir.

Cette forme toutefois ne fut pas exclusive, et bientôt même elle dut cesser d'être dominante. Lorsque la presque totalité de la société romaine eut embrassé le christianisme, on fut conduit à substituer des asiles publics aux formes fraternelles selon lesquelles s'était exercée d'abord la charité. Déjà le concile de Nicée avait prescrit l'érection dans chaque ville d'une maison hospitalière sous le nom de *xenodochium*, asile entretenu au moyen des aumônes des fidèles et desservi par les clercs. Ce germe ne manqua pas de s'étendre, et bientôt les immenses ressources mises à la disposition de l'église par la piété des fidèles et par les concessions des empereurs lui permirent d'ouvrir des asiles richement dotés pour toutes les misères humaines. Ainsi s'élevèrent successivement dans toutes les villes de la chrétienté, à côté des *xenodochia* pour l'hospitalité, des *nosocomia* pour tous les malades, des *brephotropia* pour les enfants trouvés, des *orphonotropia* pour les orphelins, des *gerontocomia* pour les vieillards, des *paromonaria* pour les ouvriers invalides, etc.[1]

Quelle que fût la forme sous laquelle s'exerçât la charité, qu'on la distribuât à domicile ou qu'elle fût dispensée dans des asiles pu-

---

1 Voyez le *Cod. Justin., lib Ier, tit. II, 22.*

blics alimentés par les aumônes ou les dotations des fidèles, elle émanait toujours du même principe, car elle était toute religieuse dans son essence et toute volontaire dans ses applications. Tel était le fait nouveau dont le christianisme avait doté le monde. À la bienfaisance légale des sociétés antiques, à la police politique exercée souverainement par l'état sur tous ses membres, il opposait un système d'après lequel chacun était engagé, sur son salut éternel, à soulager les maux de ses frères, à pourvoir à leurs besoins par son superflu, système dans lequel les devoirs envers autrui étaient placés sur la même ligne que les devoirs envers Dieu. Providence légale et providence religieuse, police des pauvres par l'état et adoption des pauvres par l'église, dépendance des classes indigentes envers les castes supérieures, ou bien égalité en Jésus-Christ entre le pauvre qui a un droit religieux au superflu du riche et le riche soumis au strict devoir d'en disposer envers le pauvre : ces deux termes de la question économique se trouvèrent posés sitôt que la croix fut arborée sur le Capitole, et ils sont restés les deux pôles vers lesquels se dirigent les courants contraires de nos aspirations contemporaines. Dans la lutte engagée contre le flot croissant des convoitises et des misères, il s'agit toujours en effet de savoir si l'on prendra son point d'appui sur l'église ou sur l'état, sur la conscience ou sur l'administration, si l'on prendra pour type l'*annone* païenne ou l'*agape* chrétienne.

Le moyen-âge vit se développer sur la plus vaste échelle le principe de la charité spontanée s'exerçant sans intervention de l'état et sous l'impulsion du devoir religieux. L'auteur du *Problème de la Misère*, qui a si heureusement jugé l'antiquité et qui retrouve toute sa netteté de perception lorsqu'il apprécie les faits contemporains, ne paraît pas avoir compris la grande époque durant laquelle le génie catholique s'est épanoui dans toute l'abondance de sa sève. Il passe en courant sur ces longs siècles tout remplis des miracles de la charité chrétienne, et cette lacune, qui ôte toute harmonie à sa composition, est assurément le défaut capital de son livre. Il prétend établir que cette époque fut à la fois un temps de misère sans égale et d'immoralité sans exemple, et il appuie cette thèse sur une multitude de petits faits exceptionnels, à l'origine desquels il ne prend pas soin de remonter. M. Moreau Christophe se complaît à rappeler les famines fréquentes, les maladies contagieuses et la multitude de désordres et de désastres qui affligèrent les peuples du Xe au XVIe siècle ; il établit que l'espèce humaine fut rarement plus malheureuse que durant cette longue et orageuse période, et il en conclut que la charité chrétienne n'a pas eu dans ces temps les développements féconds et efficaces qu'il est habituel de lui attribuer. C'est trancher une question par une autre, et imputer fort injustement au mode selon lequel s'exerçait le grand devoir de la charité des maux et des privations qu'explique très naturellement l'état toujours troublé de ces sociétés sans industrie, sans commerce, sans communications régulières, et, presque complètement dénuées d'administration et de police dans le sens attache aujourd'hui à ces expressions. Les siècles de foi ont été des siècles de charité, et les prodiges de celle-ci ne sont pas moins attestés que les miracles de celle-là il n'est pas une douleur du corps, pas une souffrance de l'âme, depuis la faim jusqu'à la folie, depuis le crime jusqu'au désespoir, pour lesquelles des âmes héroïques n'aient ouvert des asiles et n'aient prodigué leur vie, leur jeunesse, leur fortune ; il n'est pas de maladie si repoussante, de honte si secrète qu'elles soient, qui n'aient été amoureusement soignées par des êtres purs comme des anges. Si ces dévouements obscurs, que la piété multipliait dans toutes les conditions comme les sables de la mer et les étoiles du ciel, ne dérobaient alors les masses ni à de très fréquentes disettes ni à d'effroyables extrémités, cela prouve contre l'organisation fort imparfaite de ces sociétés et pas du tout contre le vivifiant esprit qui les animait. S'il était possible de combiner jamais le mode d'exercice de la charité tel qu'il se pratiquait au XIIe siècle avec les conditions de l'ordre social au XIXe, le problème de la misère se trouverait résolu autant qu'il peut l'être en ce monde.

La réformation vint changer radicalement la condition des pauvres au sein de la chrétienté. La confiscation du patrimoine de l'église, qui représentait, dans la plupart des états, le tiers au moins du sol cultivable, rendit caduque cette dette dont l'acquittement équivalait pour les classes indigentes à une participation directe et effective à la propriété territoriale. Des mains de l'église, qui ne les possédait que sous l'obligation de conscience d'en disposer, ces immenses richesses passèrent dans celles du pouvoir politique, qui ne s'inquiéta plus de leur destination spéciale, et le budget sacré du prolétariat fut confisqué par des gouvernements sans foi et des aristocraties sans entrailles. On sait quelle perturbation profonde ces changements provoquèrent dans la plupart des états réformés durant la dernière moitié du XVIe siècle. La suppression des ordres religieux et des couvents, la substitution d'un clergé marié à un clergé célibataire ayant privé les pauvres de leurs asiles, de leur pain quotidien et des secours de toute nature auxquels ils avaient un droit jusqu'alors pleinement reconnu dans toute la chrétienté, — des flots d'indigents, de vagabonds et de moines spoliés inondèrent l'Angleterre, l'Allemagne, la Suisse, tout le nord de l'Europe, et mirent en grand péril l'ordre public. On tenta d'abord d'arrêter le mal en portant des peines atroces contre la mendicité et le vagabondage ; mais on fut bientôt contraint de l'attaquer dans sa source même par un vaste système de charité obligatoire en faveur des classes déshéritées par la révolution religieuse. De là cette taxe des pauvres, devenue la base de la législation économique non-seulement en Angleterre, mais encore dans tous les états protestants de l'Allemagne aussi bien qu'en Suisse, en Suède, en Danemark et en Norvège. Si, lorsqu'il s'agit de cette institution, la pensée ne se reporte guère que sur la Grande-Bretagne et sur le statut fameux de la quarante-troisième année d'Élisabeth, c'est qu'en Angleterre la taxe dut se développer dans des proportions tout autres que dans le reste de l'Europe, en raison même de la situation particulière de cette contrée où les sept dixièmes du sol étaient, avant la réforme, la propriété du clergé catholique, des monastères et des établissements charitables. L'histoire de l'assistance légale dans les divers états européens, esquissée par MM. de Villeneuve et de Gérando, est présentée par M. Moreau Christophe avec des développements poursuivis jusqu'à ce jour. Il expose les progrès de la taxe des pauvres en Angleterre, où elle s'était élevée, vers 1832, jusqu'au chiffre de 200 millions de francs, monstrueux impôt prélevé sur quatorze millions d'hommes, de telle sorte que, dans certains comtés, ceux qui recevaient la taxe devenaient plus riches que ceux qui la payaient ; puis il décrit la réaction provoquée par une situation devenue telle que la culture du sol était abandonnée dans quelques parties du pays, et il analyse les grande mesures préventives consacrées par le statut du 4 août 1834. On avait tenté, sous Élisabeth, d'arrêter la mendicité en marquant les pauvres d'un fer rouge et en les mutilant dans leur corps. On imagina, sous Guillaume IV, d'arrêter le flot montant du paupérisme en transformant les malheureux en forçats et en les torturant dans les plus saintes affections de la nature. Les *workhouses* furent substitués aux potences, et l'on espéra réprimer la misère par l'une des plus hardies atteintes qui aient jamais été décrétées contre la liberté et la moralité humaines.

Cependant les mœurs ne pouvaient supporter de telles lois, et l'opinion publique, soulevée par la presse, par la tribune, par la chaire, par les *meetings*, eut bientôt transformé les nouvelles lois des pauvres en ne leur laissant qu'une existence nominale. Le *workhouse* a perdu aujourd'hui sa physionomie terrible, et le régime intérieur, devenu des plus comfortables, n'a plus rien qui effraie personne ; on s'y précipite avec un empressement égal à celui qu'on mettait naguère à l'éviter, et l'économie tend à se changer en un surcroît de dépenses. Aussi est-on contraint de revenir à l'ancien mode, c'est-à-dire au secours à domicile sans travail. Douze années ont suffi pour briser ces lois de fer : après avoir ouvert une enquête solennelle chez toutes les nations du globe, assisté à d'interminables débats parlementaires, après avoir dépensé des sommes immenses en constructions et constitué une vaste administration tout entière, l'Angleterre de 1832 se retrouve encore aux statuts d'Élisabeth !

L'ouvrage que j'essaie d'apprécier établit que nulle part en Europe la condition des pauvres n'est aussi digne de pitié que dans les états protestants où le système de l'assistance légale est entré assez profondément dans les mœurs pour en arracher complètement l'habitude de l'aumône en faisant de celle-ci un délit. Telles sont certaines parties de la Suisse et de l'Allemagne. L'Angleterre est une contrée trop religieuse pour n'être pas, sur ce point-là, inconséquente avec son déplorable principe. Aussi la charité volontaire s'y exerce-t-elle avec une libéralité dont le chiffre dépasse, d'après les économistes, celui de la taxe légale, de telle sorte que l'une comble incessamment le gouffre creusé par l'autre. Mais c'est dans la triste Irlande qu'on voit à nu et d'un seul coup d'œil toutes les conséquences qu'ont entraînées pour les masses populaires les spoliations du XVIe siècle et la fondation d'un établissement ecclésiastique où l'esprit de famille est substitué à la paternité catholique. On a entassé des volumes pour résoudre le problème du paupérisme irlandais. Les uns ont discuté sur le mode de culture ou l'absence de capitaux, les autres sur l'absentéisme ou le système des *middlemen* : il était une explication beaucoup plus simple à donner de ce triste phénomène et à laquelle il semble vraiment que personne n'ait songé. Si l'Irlande est devenue le scandale et comme l'enfer de l'Europe chrétienne, c'est qu'elle est le seul pays dans lequel il n'y ait aucun lien religieux entre les riches et les pauvres, et le seul par conséquent où il n'y ait aucun devoir réciproque entre la classe possédante et la classe des prolétaires. Supposez ceux-ci protestants ou bien les lords irlandais catholiques, et la situation du pays se trouvera changée sans que nul élément nouveau soit introduit dans sa constitution économique.

Deux systèmes ont partagé l'Europe depuis le XVIe siècle. Les états réformés, maîtres du patrimoine accumulé par la foi et la charité des générations antérieures, ont opposé à l'invasion de la misère les taxes forcées et les subventions financières des gouvernements ; les états catholiques ont essayé de lutter contre elle par la charité privée et par le produit des dotations d'origine religieuse, auxquels les secours de l'état ne sont jamais venus se joindre qu'à titre purement accessoire. Où la condition des indigents est-elle plus douce, à Londres ou à Rome, à Édimbourg ou à Naples, à Copenhague ou à Turin, à Berne ou à Madrid ? Où se révèlent les plus vives, les plus fraternelles sollicitudes ? Est-ce dans la patrie du *tread-mill*, telle que nous la révèlent les innombrables enquêtes précédant le *poor-law-amendement-act*, ou dans la ville aux mille confréries voilées dont Mgr Morichini a décrit avec tant de bonheur les miracles d'ingénieuse et inépuisable charité [1] ? La question est d'ailleurs tranchée de l'aveu même des adversaires de la charité catholique ; ce qu'ils reprochent en effet à celle-ci, c'est moins de manquer aux pauvres que d'en multiplier le nombre en leur faisant une existence trop facile. Pour apprécier la justesse de ce reproche, il ne faut pas perdre de vue que ces habitudes de *farniente* et de vie paresseuse imputées au système de l'aumône sont celles de populations exclusivement méridionales, amollies par la douceur de leur climat, et qui vivent, sans excitations et sans besoins, des produits d'une féconde nature. Envoyez le *lazzarone* napolitain et le bandit calabrais au prêche, faites-leur chanter des psaumes au lieu d'in-

---

1 T*ableau des Institutions de bienfaisance à Rome*, de Mgs Morichini, traduit par M. De Vazlaire ; 1 vol. In 8°.

voquer la madone le premier ne continuera pas moins de dormir le long du jour sur ses pavés de lave, au bruit harmonieux de la vague, et l'autre de préférer sa vie d'aventures dans les montagnes à l'existence enfumée de l'ouvrier de Birmingham. C'est la mollesse du climat et pas du tout la mollesse de la croyance qui a multiplié les pauvres en Italie, en Espagne, en Portugal, et je ne pourrai jamais comprendre la facilité avec laquelle l'opinion publique en Europe a pris le change sur ce point-là.

Depuis la révolution française, la plupart des états catholiques entrés dans l'ordre politique nouveau sont, en matière d'institutions charitables, dans une situation intermédiaire et incertaine qui ne pourra se prolonger longtemps. S'ils n'ont pas éteint la lampe ardente de la charité spontanée, les confiscations révolutionnaires leur ont enlevé l'huile qui seule pouvait suffire à l'alimenter. L'assemblée constituante réunit au domaine de l'état l'immense patrimoine du clergé, sous la condition formellement exprimée de subvenir à l'entretien des pauvres auquel ces biens avaient été affectés par les donateurs. La convention acheva l'œuvre de spoliation en s'emparant de tous les biens des hospices. En même temps qu'elles tarissaient la charité à ses sources, ces deux assemblées politiques proclamaient en matière de secours des maximes dont l'application aurait suffi pour épuiser toute la fortune de la France. Droit à l'assistance pour tous les faibles, droit au travail pour tous les valides, droit à l'enseignement gratuit à tous les degrés, secours obligés à tous les enfants, à tous les vieillards, à tous les malades, à toutes les veuves, femmes ou filles-mères, tel fut l'impossible programme proclamé par la révolution aux prises avec la banqueroute et avec l'Europe. L'état violent créé par les décrets du 19 mars et du 28 juin 1793 fut modifié sans doute par les gouvernements qui suivirent, et sous le directoire les établissements charitables recouvrèrent une partie de leurs propriétés. Le nouveau patrimoine des pauvres, grossi depuis cinquante ans par des dons et legs, atteint en ce moment un chiffre assez respectable ; mais que sont ces faibles ressources mises en regard de besoins sans cesse croissants ? Plusieurs des maximes proclamées par nos assemblées révolutionnaires ont été sanctionnées d'ailleurs par des institutions postérieures, et la douceur de nos mœurs a créé, pour adoucir des misères demeurées jusqu'à nous sans soulagements, des établissements très utiles, dont ce temps-ci a l'honneur sans doute, mais dont il est incapable de soutenir la charge sans entrer dans un système spécial de voies et moyens. Les exigences et les inventions de la philanthropie administrative ne sont d'une application possible qu'au prix de subventions financières de plus en plus étendues, et la situation budgétaire des départements et de la plupart des communes est telle qu'ils suffisent à peine aux charges du présent, loin de pouvoir supporter celles qu'on aspire chaque jour à leur imposer. Aussi la France se voit-elle placée, sous le rapport économique, dans cette alternative, d'entrer incessamment dans les voies de la charité légale et des taxes obligatoires, ou de retourner résolument vers les traditions primitives de la charité religieusement organisée. La question est pendante entre le système protestant dans ses plus rigoureuses applications et un retour au système catholique dans ses institutions les plus oubliées.

M. Moreau Christophe prend loyalement son parti dans cette alternative, et ses conclusions ne sont pas assurément la portion la moins importante de son livre. Il propose avec résolution la suppression immédiate de tous les hospices, des dépôts de mendicité, et généralement de tous « ces petits et grands *Versailles de la misère*, dont la promiscuité conventuelle et monumentale a porté et porte encore de si profondes atteintes à la moralité, à la santé et à la fortune, publiques. » À tout cela il substitue une seule chose, le secours à domicile, cette perfection de la charité chrétienne qui fait respirer au riche la sainte odeur de la misère, secours qui proportionne le remède au mal, se donne, s'augmente, se diminue ou se retranche selon les circonstances variables et infinies du besoin, mode salutaire qui seul, discret dans ses dons, prend conseil de la honte autant que de la pauvreté, qui soulage l'indigent sans l'enlever à sa famille, et vient en aide à la famille sans jamais la remplacer. Une seule institution lui paraît digne de manier cet admirable instrument de charité avec toute la foi, tout le dévouement et toute l'abnégation qu'il comporte c'est l'institution des *diaconies*, sortie aux siècles apostoliques des entrailles de l'église naissante. M. Moreau Christophe présente dans ses plus minutieux détails un plan de réorganisation de cette institution pieuse, qui suffirait, selon lui, pour pourvoir à tous les besoins, pour soulager toutes les souffrances dans toutes les conditions et à tous les âges de la vie du malade et de l'indigent. Il estime que les diaconies remplaceraient à la fois, au grand avantage des pauvres et au grand profit du budget de l'assistance publique, les bureaux de bienfaisance, les hospices pour les infirmes et même les hôpitaux pour les malades. Il croit qu'elles exerceraient bien plus efficacement que les commissions administratives la direction, la tutelle, la surveillance et l'inspection des enfants trouvés, et qu'elles appliqueraient utilement à la France les diverses institutions de charité individuelle qui fonctionnent avec tant d'avantage en Italie, en Suisse, en Belgique et en Hollande. Ce sont là des vues hardies qui provoquent la controverse et appellent les plus sérieuses méditations. Puissions-nous profiter de la suspension introduite par les événements dans le cours de la vie politique du pays pour creuser plus profondément ces questions qui touchent de si près au bien-être des hommes, et dans l'étude desquelles on peut toujours s'enfoncer sans craindre de poursuivre des ombres et d'aboutir à des tristesses et à des déceptions !

ISBN : 978-1986312844

9 781986 312844